Lerneinheiten Grammatik

Band 2: Adjektive, Pronomen, Präpositionen & Satzarten

1. Auflage 2024

AF708010

Inhalt: Doris Höller
Umschlagbild: vegefox & kittyfly – AdobeStock.com
Redaktion: Kohl-Verlag
Grafik & Satz: Kohl-Verlag
Druck: farbo prepress GmbH, Köln

Bestell-Nr. 13 063

ISBN: 978-3-98841-134-1

Bildquellen © adobestock.com

S. 6-46: © You; S. 2: © Africa Studio; S. 9: © Rogatnev; S. 10: © paulcannoby, Ljupco Smokovski, Firn, arthierry, vvoe, stockphoto-graf, Comauthor, Klaus Eppele, Medard, Good Studio, cynoclub, Heiko Koehrer-Wagner, Chepko Danil; S. 12: © vinap, Robin, unpict, Isuru Pic, vectorfusionart, ImagesMy, art_of_sun, Alekss, Pallavi, Wasantha; S. 13: © Nacht28, id_pluto, Farinoza, sunabesyou, Jalil, Asier, Wasantha, Happypictures; S. 19: © Colorfuel Studio, blueringmedia, katerina_dav; S. 20: © JUSTDZINE, breakingthewalls, SriWidiawati, Peter Hermes Furian, Johnstocker, baobabay, Good Studio, Doloves, Popo123, Christine Wulf, iukhym_vova, Save Jungle, Andrey, GabiWolf, Paul Kovaloff, naddya, santa43; S. 21: © DeCe, jakgree, Sergii Figurnyi, unpict, Balint Radu, Kondor83, vika_k; S. 22: © Igor Normann, Liza; S. 27: © magicmary, kebox, unclepodger, imstock, Fotofermer, blackboard1965, unpict, Eric Isselée, Michael, Passakorn, baibaz: S. 31: © Pixel-Shot; S. 32: © Cookie Studio, Pixel-Shot, KB3, marciosuzuki, dadoodas, Nikolai Sorokin, Pictures4you, shaprod20092018, Bangkok Click Studio, Guzel Studio, Suraphol, Igor Normann; S. 33: © Vik10, Alice, sashazerg, lms_lms, Nikolay_grafikplusfoto,Paul Kovaloff, Pixel-Shot, kaiskynet, Eric Isselée; S. 34: © BillionPhotos, PRASERT, Michael, Krakenimages, passengerz, G.G. Lattek, ssstocker, inspiring.team, vvoe, Happypictures, nadzeya26, EnelEva; S. 35: © PRASERT, Michael, Krakenimages, passengerz, G.G. Lattek, ssstocker, vvoe, Happypictures, grafikplusfoto, cynoclub, MAJGraphics; S. 37: © Alexander Raths, Farinoza, ananaline, Eric Isselée, Balint Radu, Alexia Khruscheva, fotomaster, FP Creative Stock, Eric Isselée, Happymoon, olhastock, eyecat, jnjhuz, Odua Images, Patryk Kosmider, yevgeniy11, Pavel Parmenov, Passakorn, Olga; S. 39: topvectors; © S. 41: © Anterovium, Natalia Klenova, stockphoto-graf, Joachim Neumann, robert6666, vladstar, Michael, Kareemov, jirsak, pixelrobot, dasom, Destina, ImagesMy, alexlukin, topntp, incomible, Jiri Hera, Ivan Volozhanin, Pavel Hlystov, Robert Kneschke, Talaj, prapann, Sync, nlwat, Alexstar, schab, Yordan Rusev, onairjiw, vitals, natalia, Zakaria, Miquel, blende11.photo, Boxyray, TimeaPeter; 44: © iiierlok_xolms; S. 45: © iierlok_xolms; S. 47: ©AdobeStock_174207680_vinap

Unsere Lizenzmodelle

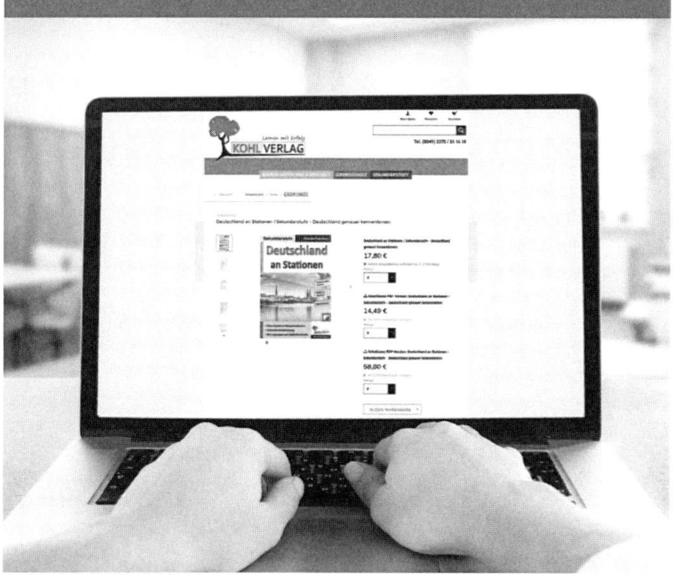

Der vorliegende Band ist eine Print-Einzellizenz

Sie wollen unsere Kopiervorlagen auch digital nutzen? Kein Problem – fast das gesamte KOHL-Sortiment ist auch sofort als PDF-Download erhältlich! Wir haben verschiedene Lizenzmodelle zur Auswahl:

	Print-Version	PDF-Einzellizenz	PDF-Schullizenz	Kombipaket Print & PDF-Einzellizenz	Kombipaket Print & PDF-Schullizenz
Unbefristete Nutzung der Materialien	x	x	x	x	x
Vervielfältigung, Weitergabe und Einsatz der Materialien im eigenen Unterricht	x	x	x	x	x
Nutzung der Materialien durch alle Lehrkräfte des Kollegiums an der lizensierten Schule			x		x
Einstellen des Materials im Intranet oder Schulserver der Institution			x		x

Die erweiterten Lizenzmodelle zu diesem Titel sind jederzeit im Online-Shop unter www.kohlverlag.de erhältlich.

Vorwort

Sprache mit allen Sinnen zu erfahren, ist die beste Voraussetzung, die Basiskompetenzen Schreiben, Lesen und Textverständnis zu festigen. Dabei ist es wichtig, dass der individuelle Lernstand und das Lerntempo berücksichtigt werden. Jeder sollte die Möglichkeit haben, so selbstständig wie möglich und mit so viel Hilfe wie nötig, die Lerninhalte zu erarbeiten. Je kreativer, umso besser. Manche Kinder arbeiten gerne alleine, andere erzielen mit Partnerarbeiten einen größeren Erfolg.

Die enthaltenen Puzzleteile mit Kurzinformationen helfen, die eigenen Überlegungen abzusichern. Lösungen zur Selbstkontrolle ermöglichen eine bessere Einschätzung des persönlichen Lernfortschrittes.

Gut ist es, wenn z. B. Wörterbücher, Stempelkästen und Buchstaben aus verschiedenen Materialien, Würfel, Buchstabendrehscheiben usw. bereit liegen. Mit Zeitungen, Prospekte, Scheren und Klebstoff lassen sich die einzelnen Arbeitsblätter noch mit kreativen Aufgaben ergänzen. Wenn neue Lerninhalte spielerisch erarbeitet werden können, ist die Lernbereitschaft deutlich höher. Einfache Spiele lassen sich gut umfunktionieren. Ob Memo-Spiel, Domino, Bingo oder Stadt-Land-Fluss, alle eignen sich gut für eine themenangepasste Variante.

Auch die Bewegung verbessert den Lernerfolg. Mit Buchstabentafeln aus Pappe, die überall ausgelegt werden können, lassen sich viele Mannschafts- oder Quizspiele durchführen. Auf einem großen Handy- und PC-Tastenfeld auf dem Boden, können nicht nur Wörter gehüpft werden, auch Ratespiele können auf diese Weise „bewegt" durchgeführt werden. Der Aufwand lohnt sich!

Das zweite Arbeitsheft der Reihe umfasst die Inhalte Adjektive, Pronomen, Präpositionen & Satzarten. Es hilft, die Funktion dieser Wortarten zu erkennen und ins Satzgefüge einzubringen. Wortteile werden zu neuen Wörtern zusammengesetzt und die Wortbedeutung erarbeitet. Die Übungen helfen, die verschiedenen Wortarten zu erkennen. Es wird geübt, wie man etwas genauer beschreiben kann und somit einem Zusammenhang zum Ausdruck bringt. Übungen zu den einzelnen Satzarten dienen als Grundlage für das Satzbautraining. Domino, Suchsel und Kreuzworträtsel sorgen für die Festigung der Inhalte und sorgen für Spaß am spielerischen Umgang mit Sprache.

Im ersten Arbeitsheft finden Sie die Inhalte Nomen, Verben und Artikel. Mit dem dritten Arbeitsheft können die Inhalte aus den ersten beiden Bänden mit unterschiedlichen Übungen gefestigt und vertieft werden.

Viel Freude und Erfolg beim Einsatz der vorliegenden Kopiervorlagen wünschen Ihnen der Kohl-Verlag und

Doris Höller

KOHL VERLAG Lernen mit Erfolg
LERNEINHEITEN GRAMMATIK
Band 2: Adjektive, Pronomen, Präpositionen & Satzarten – Bestell-Nr. 13 063

Kompetenzen und Inhalte

Sachkompetenz	• Wortarten erkennen und unterscheiden • Funktion der Wortarten unterscheiden • Verschiedene Wortarten richtig in Sätze einfügen • Personalformen bilden • Zeitformen finden
Methodenkompetenz	• Informationen aus Erklärungstexten entnehmen • Wortschatz erweitern • Arbeit mit dem Wörterbuch üben • Grundformen im Wörterbuch finden • Übungen kreativ ergänzen
Sozialkompetenz	• Zusatzmaterial nutzen und Geübtes vertiefen • Konzentrationsfähigkeit üben • Sprache spielerisch erforschen • Geübtes in ein Satzgefüge einbringen
personale Kompetenz	• Satzarten erkennen, Satzschlusszeichen richtig verwenden • Wortteile zu neuen Wörtern zusammensetzen • Wortbedeutung erkennen und hinterfragen • Aufgabenstellung eigenständig erarbeiten • Arbeitsergebnis selbstständig überprüfen

Erarbeitung

- Einzel-/Partnerarbeit
- Freiarbeit
- Arbeitsblätter schrittweise bearbeiten

Materialien

- Die Arbeitsblätter können in Ablageboxen bereitgelegt werden. Sie können nach dem individuellen Lernstand ausgewählt und bearbeitet werden.
- Lösungen für die selbstständige Kontrolle können bereitgelegt werden

Zusatzmaterial optional

- Papier, Scheren, Klebestifte, Würfel, Wörterbücher
- Sollen Arbeitsblätter mehrmals bearbeitet werden, können sie laminiert werden. Dann sollten auch wasserlösliche Filzstifte bereitliegen.
- Buchstabendrehscheiben, Kurzzeitwecker
- Buchstabenstempel, alte Kataloge, Zeitungen und Zeitschriften, Prospekte, Schalen für Papierabfälle

Inhalt

	I. Hinführung Die Puzzleteile können im Klassenzimmer nach und nach aufgehängt und ergänzt werden. Die verschiedenen Arbeitsblätter der einzelnen Themenbereiche liegen jeweils unter dem passenden Puzzleteil. Kommen weiterführende Themenbereiche dazu, werden die jeweiligen Puzzleteile ergänzt (angereiht), sodass eine horizontal verlaufende Puzzlereihe entsteht.	
	II. Erarbeitung	
P5	5. Puzzleteil *Adjektive - Kurzinformationen*	6
P6	6. Puzzleteil *Pronomen – Kurzinformation*	7
P7	7. Puzzleteil *Präpositionen - Kurzinformationen*	8
P8	8. Puzzleteil *Satzarten und Satzschlusszeichen - Kurzinformation*	9
M1	Mit Adjektiven kann man etwas beschreiben 1 *Suchsel*	10
M2	Mit Adjektiven kann man etwas beschreiben 2 *Sätze zu Bildern schreiben*	11
M3	Bringe die Adjektive in die richtige Form *Adjektive in Satzlücken einsetzen*	12
M4	Suche passende Adjektive *Nomen mit passenden Adjektiven beschreiben*	13-14
M5	Viele Adjektive haben ein Gegenteil *Gegenteile von Adjektiven finden*	15
M6	Domino® mit Gegensätzen *Spielvorlage*	16-17
M7	Adjektive kann man steigern 1 *Steigerungsformen bilden; Sätze schreiben*	18
M8	Adjektive kann man steigern 2 *Suchsel*	19
M9	Mit Adjektiven vergleichen *Wann schreibt man „wie“, wann schreibt man „als“*	20-21
M10	Zusammengesetzte Adjektive *Aus einem Nomen und einem Adjektiv ein neues Adjektiv bilden*	22-23
M11	Aus Adjektiven werden Nomen 1 *Endungen – heit, -nis, -schaft, -keit, -ung, -tum*	24
M12	Aus Adjektiven werden Nomen 2 *Kreuzworträtsel*	25
M13	Aus Nomen werden Adjektive *Endungen –haft, -lich, -ig, -los, -voll*	26

KOHL VERLAG Lernen mit Erfolg
LERNEINHEITEN GRAMMATIK
Band 2: Adjektive, Pronomen, Präpositionen & Satzarten – Bestell-Nr. 13 063

Inhalt

M14	Aus Verben werden Adjektive *Endungen –sam, los, -bar*	27
M15	*Was wird hier beschrieben?* *Adjektive zuordnen; Lösungswort finden*	28
M16	Pronomen, Stellvertreter für Nomen *Pronomen in Textlücken einfügen*	29
M17	Personalpronomen *Personalpronomen in Textlücken einfügen*	30
M18	Possessivpronomen zeigen an, wem etwas gehört *Personalpronomen in Textlücken einsetzen*	31
M19	Mit Possessivpronomen Sätze verknüpfen *Sätze umstellen*	32
M20	Possessivpronomen müssen zum Satz passen *Sätze bilden; Lösungswort finden*	33
M21	Präpositionen helfen, einen Platz zu beschreiben *Mit Hilfe von Bildern Präpositionen in Sätze einfügen*	34
M22	Präpositionen - Domino® + Zusatz *Spielvorlage*	35-36
M23	Präpositionen antworten auf Fragen *Fragesätze und Antworten schreiben*	37
M24	Wo befinden sich die Tiere? *Mit Hilfe von Bildern Präpositionen anwenden*	38
M25	Wann schreibst du dem oder den? *In Textlücken „dem" oder „den" einsetzen*	39
M26	Satzarten und Satzschlusszeichen *Aussagesätze, Fragesätze, Ausrufesätze unterscheiden*	40
M27	Setze die Satzschlusszeichen *Satzschlusszeichen einsetzen; Lösungssatz finden*	41
M28	Fragewörter *Fragesätze und Antwortsätze bilden*	42
M29	Aus einem Fragesatz wird ein Aussagesatz *Sätze umstellen*	43
M30	Sätze basteln *Aus einzelnen Wörtern Fragesätze, Aussagesätze und Ausrufesätze bilden*	44
M31 **M32**	Das habe ich schon geschafft 1 + 2	45-46
	Lösungen	47-56

LERNEINHEITEN GRAMMATIK
Band 2: Adjektive, Pronomen, Präpositionen & Satzarten – Bestell-Nr. 13 063
KOHL VERLAG

P5

Adjektive = Wiewörter

→ beschreiben, wie jemand oder etwas ist
groß, lustig, alt

→ beschreiben, wie etwas aussieht
bunt, glatt, hügelig

→ werden <u>klein</u> geschrieben

→ können ein Gegenteil haben
groß – klein

→ mit ihnen kann man etwas vergleichen
Dein Ball ist größer als mein Ball.

→ können gesteigert werden
hell – heller – am hellsten

KOHL VERLAG Lernen mit Erfolg
LERNEINHEITEN GRAMMATIK
Band 2: Adjektive, Pronomen, Präpositionen & Satzarten – Bestell-Nr. 13 063

Pronomen = Fürwörter

→ Wörter, die als Stellvertreter für ein Nomen eingesetzt werden können

ich, du, er, sie, es, wir, ihr, sie

Die Blume ist schön. Sie ist schön.

→ werden klein geschrieben

→ Einige zeigen an, wem etwas gehört.

mein, meiner, mir, dir, deine, deiner, sein, seine, seiner, ihm, ihre, ihrer, ihnen, uns, unser, euer, eure, euch...

mein Buch, dein Stift, sein Rad, ihr Bild, unser Auto

→ werden auch gebraucht, wenn die Ursache nicht genannt wird

Es donnert – Ursache = ein Gewitter

KOHL VERLAG Lernen mit Erfolg
LERNEINHEITEN GRAMMATIK
Band 2: Adjektive, Pronomen, Präpositionen & Satzarten – Bestell-Nr. 13 063

P7

Präpositionen = Verhältniswörter

- beschreiben, wo sich etwas oder jemand befindet
- helfen, einen genauen Zeitpunkt oder einen Zeitraum zu beschreiben
  Wir gehen um 16.00 Uhr.
- sagen, in welchem Verhältnis Dinge oder Personen zueinander stehen
  Die blaue Tasse steht hinter der grünen Tasse.
- sie antworten auf Fragen
  Wo ist mein Buch? Das Buch liegt unter dem Bett.
- verschmelzen manchmal auch mit Artikeln
  in das – ins; zu der – zur; bei dem – beim…
- werden klein geschrieben

KOHL VERLAG Lernen mit Erfolg
LERNEINHEITEN GRAMMATIK
Band 2: Adjektive, Pronomen, Präpositionen & Satzarten – Bestell-Nr. 13 063

P8

Satzarten und Satzschlusszeichen

→ Das erste Wort am Satzanfang schreibt man groß.

→ Mit einem Aussagesatz teilen wir etwas mit.
Am Ende des Satzes steht ein Punkt.
Die Jacke ist schön. Das Wetter ist gut.

→ Wenn wir etwas wissen wollen, stellen wir eine Frage.
Wir benutzen einen Fragesatz. Am Ende des Satzes steht ein Fragezeichen.
Wie geht es dir? Wohin fährst du in den Ferien?

→ In einem Aufforderungssatz soll der Angesprochene etwas Bestimmtes tun.
Am Ende des Satzes steht ein Ausrufezeichen.
Jetzt musst du aber schlafen!

KOHL VERLAG Lernen mit Erfolg
LERNEINHEITEN GRAMMATIK
Band 2: Adjektive, Pronomen, Präpositionen & Satzarten – Bestell-Nr. 13 063

M1

Mit Adjektiven kann man etwas beschreiben 1

Adjektive nennt man auch Wiewörter. Sie beschreiben Eigenschaften und Merkmale von Lebewesen, Gegenständen sowie Gefühle. Mit einer Frage kannst du prüfen, ob ein Wort ein Adjektiv ist.

Wie bist du / er / sie / es? – z. B. traurig, sonnig, lustig
Wie sieht er / sie / es aus? – z. B. bunt, struppig

Aufgabe 1: *Finde 10 Adjektive im Suchsel.*

A	E	W	Q	D	T	Z	R	F	G	N	A	S	S	X	C	Y	U	S	I
F	M	A	J	K	O	F	W	O	L	D	G	N	M	P	W	X	A	O	P
R	N	R	I	L	P	S	C	H	Ö	N	B	M	W	O	I	S	D	N	L
O	F	M	G	B	H	V	D	E	Z	S	U	I	E	M	N	C	V	N	Ö
S	W	Q	A	Y	D	F	M	N	U	A	L	O	R	K	D	K	O	I	M
T	K	A	L	T	R	F	T	R	O	C	K	E	N	J	I	J	G	G	K
I	D	F	S	X	W	T	B	V	C	G	J	K	T	Z	G	M	B	E	H
G	B	R	E	G	N	E	R	I	S	C	H	V	B	I	U	J	H	R	U
Z	J	K	O	P	U	T	S	W	B	M	K	I	O	P	Ü	I	Z	T	T
T	D	F	H	A	Q	W	A	S	X	C	B	E	W	Ö	L	K	T	V	B

Aufgabe 2: *Trage die Adjektive in die Antwortsätze ein. Es gibt mehrere Möglichkeiten.*

Wie wird das Wetter heute?	Heute wird das Wetter	
Wie war das Wetter in den Ferien?	In den Ferien war es	
Wie ist das Wetter oft im Herbst?	Im Herbst ist es oft	
Wie war das Wetter gestern?	Gestern war das Wetter	
Wie ist das Wetter oft im Sommer?	Im Sommer ist es oft	

Aufgabe 3: *Denke dir 5 weitere Fragesätze aus, mit denen du etwas beschreiben möchtest, z. B. ... an deinem Geburtstag, beim Picknick, am Wandertag, beim Zoobesuch, beim Sportfest.*

LERNEINHEITEN GRAMMATIK
Band 2: Adjektive, Pronomen, Präpositionen & Satzarten – Bestell-Nr. 13 063
KOHL VERLAG

M2 Mit Adjektiven kann man etwas beschreiben 2

Mit Adjektiven kannst du genauer beschreiben, was du siehst. Wenn du Dinge durch die Verwendung von Adjektiven genauer beschreibst, wird eine Geschichte spannender. Liest du ein Buch oder hörst du dir ein spannendes Hörbuch an, dann kannst du dir die Geschichte bildlich besser vorstellen.

Dort ist ein Hund. – Dort ist ein struppiger Hund.

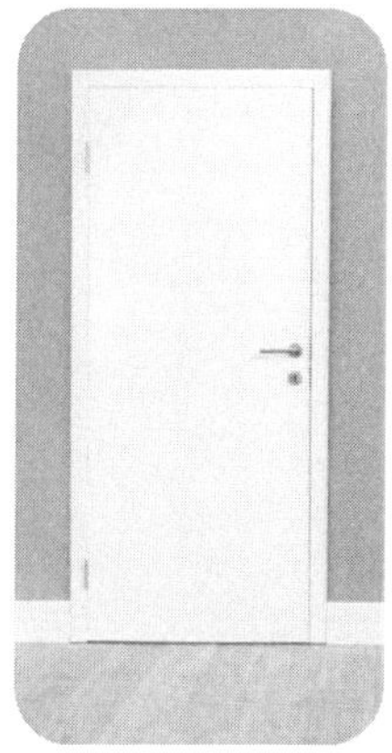

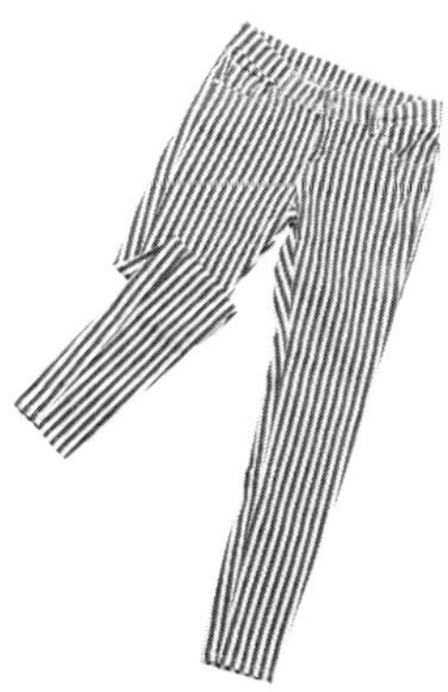

Aufgabe 1: *Schreibe zu den Bildern kurze Sätze. Schmücke die Nomen (Namenwörter) mit Adjektiven (Wiewörtern) aus.*

z. B. Wie ist das Fenster? Das Fenster ist **kaputt**.

Aufgabe 2: *Schneide Bilder aus Zeitungen und Zeitschriften aus. Überlege dir, mit welchen Adjektiven du die Bilder beschreiben kannst. Schreibe kurze Sätze dazu.*

LERNEINHEITEN GRAMMATIK
Band 2: Adjektive, Pronomen, Präpositionen & Satzarten – Bestell-Nr. 13 063
KOHL VERLAG

M3

Bringe die Adjektive in die richtige Form

Adjektive werden in den Sätzen unterschiedlich geschrieben. Sie richten sich nach der Anzahl und dem Geschlecht der Nomen.

Das Buch ist **spannend**. Das ist ein **spannendes** Buch. Es ist eine **spannende** Geschichte.

Aufgabe 1: *Setze die Adjektive in ihrer richtigen Form ein.*

Ich wünsche mir einen ____________ Hund.	klein
Der __________ Kater liegt hinter dem Sofa.	müde
Papa duscht morgens mit ____________ Wasser.	kalt
Peter hat ein _______________ Hemd gekauft.	kariert
Das ist eine __________________ kleine Katze.	zutraulich
Ich wünsche mir ein ______________ Buch.	lustig
Wir sind auf einen ____________ Turm geklettert.	hoch
Ich habe einen ______________ Ball gefunden.	blau
Der Bauer hat einen ___________ Traktor.	alt
Vögel mögen besonders gerne die ____________ Kirschen.	süß
Dort liegt ein ______________ Pullover im Schrank.	bunt
Ich suche eine _______________ Hose.	lang
Das ist aber ein ______________ Hund!	bissig
Opa holt einen _______________ Hammer aus dem Keller.	schwer
Ich höre ein ______________ Geräusch auf dem Dachboden.	leise
Das ist aber eine _______________ Gurke!	krumm
Alle sind _______________ vom Spaziergang.	hungrig

KOHL VERLAG Lernen mit Erfolg
LERNEINHEITEN GRAMMATIK
Band 2: Adjektive, Pronomen, Präpositionen & Satzarten – Bestell-Nr. 13 063

M4

Suche passende Adjektive

<u>Aufgabe 1</u>: *Welches Adjektiv passt zu den Bildern? Schreibe kurze Sätze in dein Heft.*

z. B. Die Blume ist …

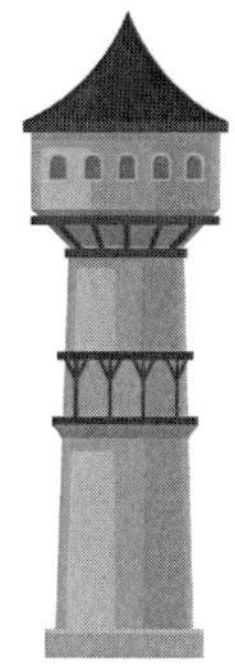

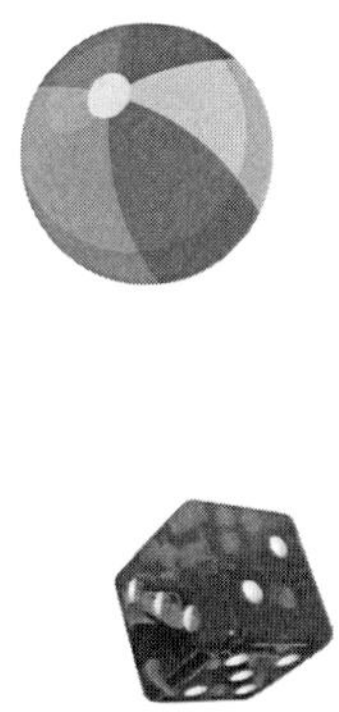

bunt
rund
schnell
dick
süß
klein
schwer
hübsch
eckig
hoch

<u>Aufgabe 2</u>: *Trenne die Wörter in der Wortschlange mit Strichen ab.*

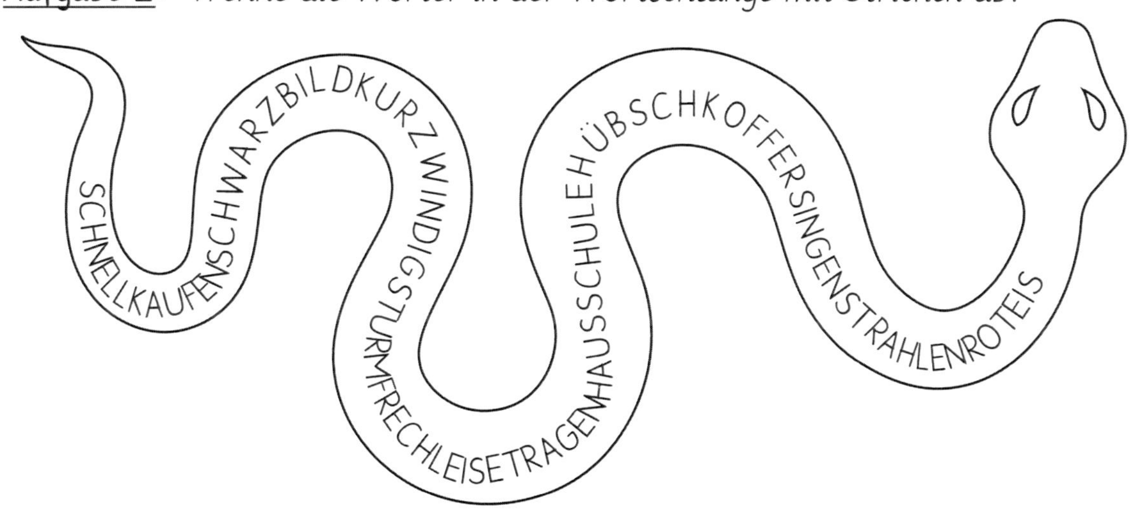

<u>Aufgabe 3</u>: *Umkreise alle Adjektive rot, alle Verben grün und alle Nomen blau.*

<u>Aufgabe 4</u>: *Schreibe kurze Sätze mit den Adjektiven.*

KOHL VERLAG Lernen mit Erfolg
LERNEINHEITEN GRAMMATIK
Band 2: Adjektive, Pronomen, Präpositionen & Satzarten – Bestell-Nr. 13 063

M4 Suche passende Adjektive

<u>Aufgabe 5</u>: *Kreuze an, welche Eigenschaften die Obst- und Gemüsesorten haben.*

<u>Aufgabe 6</u>: *Schreibe nun Sätze mit den Nomen und ihren passenden Adjektiven.*

Beispiel: Der Apfel ist hart. Der runde Apfel hängt am Baum.

	Apfel	Tomate	Banane	Gurke	Zitrone
hart	X				
rund	X				
süß	X				
sauer					
weich					
lang					
rot	X				
gelb					

<u>Aufgabe 7</u>: *Suche Adjektive, die Menschen, Tiere, Fahrzeuge, Schule, Kleidung oder Ferien beschreiben.*

	Menschen	Tiere	Fahrzeuge	Kleidung	Ferien
Adjektiv (Wiewort)	nett	groß			

KOHL VERLAG Lernen mit Erfolg
LERNEINHEITEN GRAMMATIK
Band 2: Adjektive, Pronomen, Präpositionen & Satzarten – Bestell-Nr. 13 063

M5

Viele Adjektive haben ein Gegenteil

Für viele Adjektive kannst du ein Gegenteil finden.

kalt – warm dick – dünn groß – klein süß – sauer

Bei einigen Adjektiven bildest du das Gegenteil mit „un-„ als Vorsilbe.

gesund – ungesund freundlich – unfreundlich

glücklich – unglücklich

<u>Aufgabe 1</u>: *Suche das passende Gegenteil und schreibe die Sätze in dein Heft.*

Beispiel: Was nicht leer ist, das ist voll.

Wer nicht alt ist, der ist...	Wenn es nicht hell ist, ist es...
Wer nicht schnell ist, der ist...	Wer nicht hungrig ist, der ist...
Was nicht sauer ist, das ist...	Wer nicht krank ist, der ist...
Was nicht nass ist, das ist...	Was nicht schwer ist, das ist...
Was nicht außen ist, das ist...	Was nicht kurz ist, das ist...
Wer nicht stark ist, der ist...	Was nicht gebraucht ist, das ist...

<u>Aufgabe 2</u>: *Schreibe die Gegenteil-Sätze richtig in dein Heft*

Heute ist ein hässlicher Tag.	schön
Die Blumen im Garten stinken.	duften
In der leeren Tasse dampft der heiße Tee.	voll
Der langsame Läufer gewinnt das Rennen.	schnell
Der traurige Clown bringt alle zum Lachen.	lustig
Mutter schleppt die leichte Tasche ins Auto.	schwer
Peter stolpert über die kurzen Hosenbeine.	lang
Der glückliche Mann weint um seinen toten Hund.	traurig

KOHL VERLAG Lernen mit Erfolg
LERNEINHEITEN GRAMMATIK
Band 2: Adjektive, Pronomen, Präpositionen & Satzarten – Bestell-Nr. 13 063

M6 Domino® mit Gegensätzen

Aufgabe: *Schneide die Domino®-Kärtchen auseinander. Spielt zu zweit.*

START	glatt	rau	stark
schwach	breit	schmal	dick
dünn	nass	trocken	lang
kurz	schwer	leicht	groß
klein	alt	jung	arm
reich	hell	dunkel	faul
fleißig	krank	gesund	süß
sauer	lustig	traurig	stark
schwach	laut	leise	satt
hungrig	neu	gebraucht	weich

KOHL VERLAG Lernen mit Erfolg
LERNEINHEITEN GRAMMATIK
Band 2: Adjektive, Pronomen, Präpositionen & Satzarten - Bestell-Nr. 13 063

M6 Domino® mit Gegensätzen

Aufgabe: *Schneide die Domino®-Kärtchen auseinander. Spielt zu zweit.*

hart	bunt	einfarbig	weiß
schwarz	voll	leer	offen
geschlossen	schnell	langsam	langweilig
spannend	heiß	kalt	tot
lebendig	gut	schlecht	hoch
tief	müde	wach	glatt
wellig	rund	eckig	spitz
stumpf	falsch	richtig	hässlich
schön	locker	fest	nah
fern	sauber	schmutzig	Ende

KOHL VERLAG Lernen mit Erfolg
LERNEINHEITEN GRAMMATIK
Band 2: Adjektive, Pronomen, Präpositionen & Satzarten – Bestell-Nr. 13 063

M7 Adjektive kann man steigern 1

Mit Adjektiven kann man Unterschiede ausdrücken und etwas miteinander vergleichen. Dafür benutzt man die Grundstufe und zwei Steigerungsstufen.

weit – weiter – am weitesten   toll – toller – am tollsten

Grundstufe (Positiv)	1. Steigerungsstufe (Komparativ)	2. Steigerungsstufe (Superlativ)
weit	weiter	am weitesten
glücklich	glücklicher	am glücklichsten

Aufgabe 1: *Hier ist etwas durcheinandergeraten. Male die Adjektive und ihre beiden Vergleichsstufen mit der gleichen Farbe aus.*

lieb	kleiner	am lautesten
wütend	schneller	am weitesten
klein	lauter	am schönsten
schön	wärmer	am wütendsten
schnell	lieber	am wärmsten
weit	teurer	am gefährlichsten
laut	gefährlicher	am kleinsten
teuer	weiter	am schnellsten
warm	wütender	am teuersten
gefährlich	schöner	am liebsten

Aufgabe 2: *Schreibe kurze Sätze dazu in dein Heft.*

Beispiel: Maria ist klein. Yasin ist kleiner. Elisa ist am kleinsten.

KOHL VERLAG LERNEINHEITEN GRAMMATIK Band 2: Adjektive, Pronomen, Präpositionen & Satzarten – Bestell-Nr. 13 063

M8

Adjektive kann man steigern 2

Einige Adjektive haben besondere Steigerungsstufen.

gut – besser – am besten
gern – lieber – am liebsten
hoch – höher – am höchsten
viel – mehr – am meisten
oft – öfter – am häufigsten
nah – näher – am nächsten

Nicht alle Adjektive werden gesteigert, weil man sich ein Mehr oder Weniger nicht vorstellen kann:

blind, stumm, tot, quadratisch, kinderlos, eiskalt, leer, ganz, super

Auch die Farbadjektive werden meistens nicht gesteigert. Hier vergleichen wir, indem wir die Farbe genauer beschreiben.

Mein Kleid ist gelb. Dein Kleid ist zitronengelb.

<u>Aufgabe 1</u>: *Finde im Suchsel die folgenden Adjektive in der Grundstufe:*

frecher – am schnellsten – älter – reicher – am steilsten – am muntersten – dunkler – am furchtsamsten – heißer – am hellsten – trockener – sparsamer – listiger – am wärmsten – mutiger – stiller – am frischesten – flüssiger – böser

<u>Aufgabe 2</u>: *Suche nun Adjektive, die sich <u>nicht</u> steigern lassen.*

F	A	M	U	N	T	E	R	D	G	F	U	I	O	S	T	E	I	L	S
U	W	X	Q	Y	V	B	J	F	K	R	L	I	S	T	I	G	O	L	P
R	Z	T	H	V	W	I	Y	R	C	I	B	M	A	S	G	H	J	K	A
C	R	G	E	H	A	J	M	E	X	S	A	S	D	U	N	K	E	L	R
H	R	T	L	G	R	N	J	C	K	C	L	B	W	Q	Y	X	B	F	S
T	R	W	L	Q	M	U	Z	H	T	H	M	U	T	I	G	F	Ö	A	A
S	E	S	D	F	L	Ü	S	S	I	G	A	F	H	J	M	L	S	L	M
A	I	H	M	B	W	Q	A	T	R	O	C	K	E	N	X	C	E	T	Z
M	C	J	S	C	H	N	E	L	L	Z	U	K	O	L	P	S	Q	A	F
E	H	W	R	T	Z	M	O	S	T	I	L	L	K	J	H	E	I	ß	H

KOHL VERLAG Lernen mit Erfolg
LERNEINHEITEN GRAMMATIK
Band 2: Adjektive, Pronomen, Präpositionen & Satzarten – Bestell-Nr. 13 063

M9

Mit Adjektiven vergleichen 1/2

Wenn man mit Adjektiven etwas direkt miteinander vergleichen möchte, benutzt man Vergleichswörter.

so … wie; ebenso … wie; genauso/ gleich … wie; als; am **-sten**
z. B. am **besten**

Grundstufe (Positiv)	1. Steigerungsstufe (Komparativ)	2. Steigerungsstufe (Superlativ)
Tim rennt **so** schnell **wie** ich.	Bodo rennt schneller **als** Tim.	Fred rennt **am** schnellsten von uns.

Wenn du mit den Vergleichswörtern „wie" und „als" etwas miteinander vergleichst, musst du folgendes beachten:

Ist die beschriebene Eigenschaft bei beiden Dingen oder Personen **verschieden**, heißt es „**als**".

Ist die beschriebene Eigenschaft bei beiden Dingen oder Personen **gleich**, dann benutzt du „**wie**".

Ich bin groß. Mama ist größer ***als*** *ich. Meine Schwester ist genauso groß* ***wie*** *ich.*

Aufgabe 1: *Vergleiche. Schreibe die Sätze auf.*

a)  **heiß**

____

____

b) 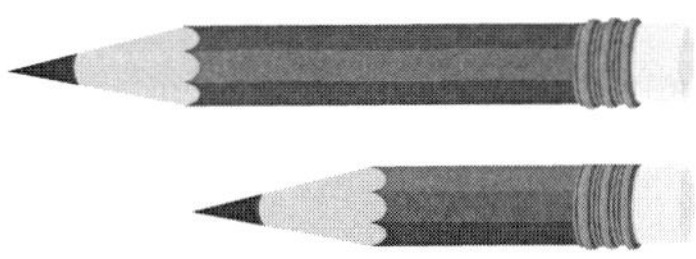 **lang**

____

____

c) Eva Juri

 **groß**

____

____

KOHL VERLAG Lernen mit Erfolg
LERNEINHEITEN GRAMMATIK
Band 2: Adjektive, Pronomen, Präpositionen & Satzarten – Bestell-Nr. 13 063

M9

Mit Adjektiven vergleichen 2/2

Aufgabe 2: *Vergleiche die Bilder miteinander. Schreibe Sätze dazu. Verwende die Eigenschaften unter den Bildern. Setze „als" und „wie" richtig ein.*

Beispiel: Das Sofa ist bequem**er als** die Bank.

 bequem	 lang	 groß
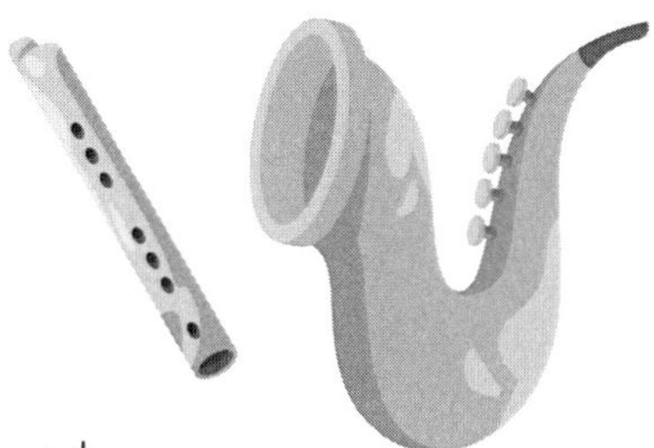 laut	 hoch	 teuer
 warm	 schmeckt gut	 schnell
 langsam	 gefährlich	 dick
 sauer	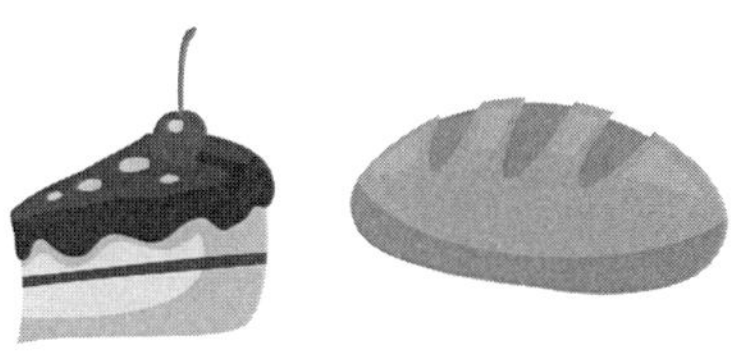 süß	 klein

LERNEINHEITEN GRAMMATIK
Band 2: Adjektive, Pronomen, Präpositionen & Satzarten – Bestell-Nr. 13 063
KOHL VERLAG

M10

Zusammengesetzte Adjektive 1/2

Um Personen oder Dinge miteinander zu vergleichen, benutzen wir Steigerungsstufen und Vergleichswörter. Auch zusammengesetzte Adjektive können eine Eigenschaft genauer beschreiben.

Der Baum ist **hoch**. Er ist so hoch wie ein **Haus**. Er ist **haushoch**.

Aufgabe 1: *Fülle die Tabelle vollständig aus.*

	grau	So grau wie eine Maus.	mausgrau
	schwarz		
	hoch		
	stark		
	scharf		
	schnell		
	kalt		

KOHL VERLAG Lernen mit Erfolg
LERNEINHEITEN GRAMMATIK
Band 2: Adjektive, Pronomen, Präpositionen & Satzarten – Bestell-Nr. 13 063

M10

Zusammengesetzte Adjektive 2/2

Aufgabe 2: *Finde weitere zusammengesetzte Adjektive und schreibe Sätze dazu.*

Beispiel: Riese + groß = riesengroß

Riese	Kinder	glatt	weiß
Feder	Nagel	schnell	neu
Stein	Schnee	schön	leicht
Glas	Himmel	still	gelb
Zucker	Gras	weich	hart
Kreide	Staub	rund	klar
Zitrone	Bild	gerade	süß
Spiegel	Wind	trocken	groß
Blut	Butter	müde	bleich
Kerze	Hund	grün	leicht
Pfeil	Kreis	blau	rot

M11

Aus Adjektiven werden Nomen 1

Wenn man an Adjektive bestimmte Endungen anhängt, dann werden die Adjektive zu Nomen.

heiter – Heiter**keit** schön – Schön**heit** reich – Reich**tum**

Manchmal fallen dabei Buchstaben weg oder es kommen welche dazu.

spann~~end~~ – Spannung besonder~~s~~ – Besonderheit alt – Alt**er**tum

Tabelle 1

Adjektive				Endungen
faul	finster	krank	wahr	
heiter	verwandt	fröhlich	neu	– heit
reich	eigen	sauber	bereit	– nis
dunkel	erkältet	einig	einsam	– schaft
wild	dumm	fest	frei	– keit
böse	höflich	pünktlich	heilig	– ung
hilfsbereit	ehrlich	traurig	schlau	– tum
geheim	haltbar	klar	trocken	
herzlich	biegsam	ängstlich	klug	

<u>Aufgabe 1</u>: *Übertrage Tabelle 2 in dein Heft. Trage alle Nomen, die du aus den Adjektiven in Tabelle 1 bilden kannst, in Tabelle 2 ein.*

<u>Aufgabe 2</u>: *Suche weitere Adjektive, die mit einer angehängten Endung zum Nomen werden.*

Tabelle 2

-heit	-nis	-schaft	-keit	-ung	-tum
Schönheit			Heiterkeit		Altertum

KOHL VERLAG Lernen mit Erfolg
LERNEINHEITEN GRAMMATIK
Band 2: Adjektive, Pronomen, Präpositionen & Satzarten – Bestell-Nr. 13 063

M12

Aus Adjektiven werden Nomen 2

Wird hinter ein Adjektiv ein Nomen angehängt, dann entsteht ein neues Nomen.

leicht + Athletik = Leichtathletik   hoch + See = Hochsee

<u>Aufgabe</u>: *Trage die zusammengesetzten Wörter in das Rätselgitter ein.*

1. neu 2. spitz 3. laut 4. süß 5. rot 6. hoch 7. faul 8. lang 9. gebraucht	10. voll 11. bunt 12. klein 13. dumm 14. kühl 15. soft 16. schnell 17. schwarz 18. fremd	Sprache Stadt Bau Maus Sprecher Speise Lauf Kopf Stift Milch Wagen Tier Sprung Kohl Schrank Eis Tee Imbiss

1.	2.	3.	4.	5.	6.	7.	8.	9.	10.	11.	12.	13.	14.	15.	16.	17.	18.

LERNEINHEITEN GRAMMATIK
Band 2: Adjektive, Pronomen, Präpositionen & Satzarten – Bestell-Nr. 13 063
KOHL VERLAG

M13 Aus Nomen werden Adjektive

Wenn man an Nomen bestimmte Endungen anhängt, dann werden die Nomen zu Adjektive.

Abenteuer – abenteuer**lich** Dank – dank**bar** Gespenst – gespenst**ig**
Fehler – fehler**haft** Furcht – furcht**los** Salz – salz**arm**

Manchmal wird das Nomen dabei etwas verändert.

Creme – crem**ig** Schaden - schäd**lich** Mann – männ**lich**
Trauer – traur**ig**

Tabelle 1

Nomen				Endungen
Wind	Rätsel	Furcht	Mangel	
Gift	Fehler	Glück	Strafe	
Schrift	Rand	Dreck	Held	- haft
Gefahr	Fett	Geschmack	Witz	- lich
Feind	Herz	Qual	Mut	- ig
Mühe	Wolke	Eile	Länge	- los
Kraft	Wunder	Kunst	Geiz	- voll
Freund	Trotz	Kind	Lust	
Farbe	Schreck	Frieden	Schutz	
Kern	Humor	König	Jugend	
Ärger	Mund	Spaß	Riese	

<u>Aufgabe 1</u>: *Übertrage Tabelle 2 in dein Heft. Trage alle Adjektive, die du aus den Nomen bilden kannst, in Tabelle 2 ein.*

<u>Aufgabe 2</u>: *Suche weitere Nomen, die mit einer angehängten Endung zum Adjektiv werden.*

Tabelle 2

-haft	-lich	-ig	-los	-voll
glaubhaft	abenteuerlich	eckig	fehlerlos	gehaltvoll

KOHL VERLAG Lernen mit Erfolg
LERNEINHEITEN GRAMMATIK
Band 2: Adjektive, Pronomen, Präpositionen & Satzarten – Bestell-Nr. 13 063

M14

Aus Verben werden Adjektive

Wenn man an Verben bestimmte Endungen anhängt, dann werden die Verben zu Adjektiven. Dabei fallen die letzten Buchstaben beim Verb weg.

reg~~en~~ + -los = reglos wach~~en~~ + -sam = wachsam
trag~~en~~ + -bar = tragbar

__Aufgabe:__ *Bilde aus jedem Verb ein neues Adjektiv, indem du eine Endung anhängst.*

waschen	arbeiten	dulden	sorgen	denken
tadeln	biegen	danken	leben	kleiden
planen	strafen	mühen	heilen	folgen
schlafen	wirken	lieben	genießen	raten
bezahlen	begehen	essen	fühlen	brauchen
fühlen	helfen	zweifeln	rasten	trinken
freuen	raten	gehorchen	erziehen	mitteilen

- sam	- los	- bar

LERNEINHEITEN GRAMMATIK
Band 2: Adjektive, Pronomen, Präpositionen & Satzarten – Bestell-Nr. 13 063
KOHL VERLAG

M15

Was wird hier beschrieben?

Aufgabe 1: *Bringe die Bilder in die richtige Reihenfolge und finde das Lösungswort.*

Aufgabe 2: *Schreibe die Nomen mit ihren Begleitern in die rechte Spalte.*

1. groß und schwer	 S	das Eis ein Eis
2. klein und grau	 Ö	
3. rund und gestreift	 R	
4. süß und kalt	 N	
5. hell und heiß	 T	
6. rund und getupft	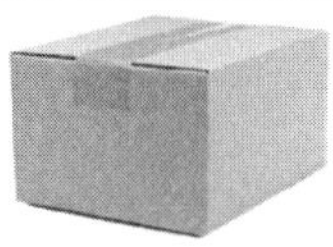 G	
7. lang und schmal	 Ä	
8. cremig und süß	 E	
9. eckig und offen	 I	
10. grün und leicht	 K	
11. eckig und geschlossen	 L	

Lösungswort:

1	2	3	4	5	6	7	8	9	10	11

KOHL VERLAG
LERNEINHEITEN GRAMMATIK
Band 2: Adjektive, Pronomen, Präpositionen & Satzarten – Bestell-Nr. 13 063

M16

Pronomen, Stellvertreter für Nomen

Pronomen können als Stellvertreter oder Ersatzwort für ein Nomen eingesetzt werden. So vermeidet man häufige Wiederholungen in einem Text.

Rehe sind sehr scheue Tiere. **Sie/die Rehe** leben versteckt im Wald. Man kann **Rehe** nur selten im Wald sehen. Manchmal sieht man **sie/die Rehe** auf einer Lichtung.

Aufgabe: *Setze Pronomen in die Lücken, so dass du Wiederholungen vermeidest.*

Peter hat ein Geschenk für Clara.	_____ schenkt ______ ein spannendes Buch.
Clara sieht die Giraffen im TV.	_____ findet, _____ haben einen langen Hals.
Mutter sucht den Supermarkt.	______ findet _____ am Straßenende.
Kater Mischka läuft zum warmen Ofen.	_____ legt sich vor ______.
Rudi stößt an den Tisch.	_____ hat ______ nicht gesehen.
Sara sitzt in der Geisterbahn.	_____ findet, dass ______ richtig gruselig ist.
Die Mäuse flüchten vor der Katze.	Jetzt sind _______ sicher vor _______.
Eric hat eine neue Sonnenbrille.	_____ steht _____ wirklich gut!
Der Ball gehört Lisa.	Tom gibt ______ ______ zurück.
In der Pause will Lara Seilspringen.	_______ macht _____ viel Spaß.
Papa sucht Pilze im Wald.	____ sagt, ______ schmecken besonders gut.
Das Gedicht gefällt mir gut.	Aber _______ ist zu lang.
Meine Schwester liebt Hunde.	______ besucht _______ im Tierheim .
Die Klasse freut sich auf den Ausflug.	Der Bus holt ______ um 10 Uhr ab.
Sara gefällt das Computerspiel.	_______ wünscht _______ sich zum Geburtstag.
Ich habe neue Schuhe gekauft.	Oma findet _______ sehr schön.

LERNEINHEITEN GRAMMATIK
Band 2: Adjektive, Pronomen, Präpositionen & Satzarten – Bestell-Nr. 13 063
KOHL VERLAG

M17

Personalpronomen

Personalpronomen nennt man auch persönliches Fürwort. Das benutzen wir, wenn wir über eine Sache, eine bestimmte Person oder über uns sprechen.

ich – du – er – sie – es – wir – ihr – sie

Das Skateboard sieht cool aus. **Es** ist rot mit schwarzen Sternen.

__Aufgabe 1__: *Setze die Personalpronomen richtig in den Text ein.*

Mit meinen Eltern gehe ich einkaufen. ________ haben für mich Sandalen gekauft. Ich brauche ________, wenn wir in Urlaub fahren. Einen neuen Pullover habe ich auch bekommen. ________ hat grüne und gelbe Streifen. ________ habe mich sehr darüber gefreut. Mein Vater fragt: „Möchtest ________ auch eine neue Hose haben?" Meine Mutter kauft noch ein Halstuch. ________ passt zu ihrer Bluse. Zu Hause zeige ich Oma unseren Einkauf. Sie sagt: „Da habt ________ aber gut eingekauft!" Zusammen setzen ________ uns an den Tisch und essen Abendbrot.

ich

du

er

sie

es

wir

ihr

sie

Wenn das Personalpronomen „es" vor einem Verb oder einem Adjektiv steht, dann wird etwas beschrieben, ohne das die Ursache genannt wird.

es schneit – Ursache – Es ist Winter.

__Aufgabe 2__: *Suche noch andere Beispiele.*

Es ist dunkel.	Ursache –
Es brennt.	Ursache –
Es ist sonnig.	Ursache –
Es tickt.	Ursache –

KOHL VERLAG Lernen mit Erfolg
LERNEINHEITEN GRAMMATIK
Band 2: Adjektive, Pronomen, Präpositionen & Satzarten – Bestell-Nr. 13 063

M18 Possessivpronomen zeigen an, wem etwas gehört

Wenn ein Pronomen anzeigt, wem etwas gehört, dann nennt man es auch Possessivpronomen oder besitzanzeigendes Fürwort.

mein, dein, sein, ihr, euer, unser

Es kann vor einem Nomen stehen.

Das ist ihr Fahrrad.

<u>Aufgabe 1</u>: *Setze die Possessivpronomen (besitzanzeigenden Fürwörter) richtig in die Lücken ein.*

Ich habe ein Buch gekauft. Es ist __________ Buch.

Ich habe das Frühstück dabei. Es ist in __________ Tasche.

Heute wird gebastelt. Wer hat __________ Schere gesehen?

Pauls Roller ist kaputt. Ich gebe ihm __________ Roller.

Das Heft ist nicht auf dem Tisch. Es ist in __________ Rucksack.

Wer ist das? Das ist die Frau __________ Bruders.

meinen, meine, meines, mein, meiner, meinem

Du hast ein Buch gekauft. Es ist __________ Buch.

Du hast das Frühstück dabei. Es ist in __________ Tasche.

Heute wird gebastelt. Ist das __________ Schere?

Mein Roller ist kaputt. Kannst du mir __________ Roller ausleihen?

Mein Fahrrad steht vor __________ Haus.

Kannst du mir __________ Telefonnummer geben?

deine, dein, deiner, deinen, deinem, deine

<u>Aufgabe 2</u>: *Überlege dir weitere Sätze und verwende folgende Possessivpronomen:*

Er...	Wir...
seiner, sein, seine, seinen, ihm, ihn	unser, unserem, unseren, unsere
Sie...	Ihr...
ihre, ihrer, ihr, ihren, ihrem	euer, eure, eurem, euren, eures

KOHL VERLAG Lernen mit Erfolg
LERNEINHEITEN GRAMMATIK
Band 2: Adjektive, Pronomen, Präpositionen & Satzarten – Bestell-Nr. 13 063

M19

Mit Possessivpronomen Sätze verknüpfen

Mit Possessivpronomen können wir einen Text kürzer abfassen und zwei Sätze zu einem zusammenfassen.

Ich fahre mit dem Fahrrad zur Schule. Das Fahrrad gehört mir.

Ich fahre mit **meinem** Fahrrad zur Schule.

<u>Aufgabe</u>: *Setze die Possessivpronomen richtig in die Lücken ein.*

unser – sein – ihrem – unseren – meiner – seinem

Bernd holt ein Buch aus der Tasche. Es ist das Lesebuch.	Bernd holt __________ Lesebuch aus der Tasche.
Der Hund frisst aus dem Napf. Im Napf ist Trockenfutter.	Der Hund frisst Trockenfutter aus __________ Napf.
Piet und Inga spielen auf dem Klavier. Sie spielen den Flohwalzer.	Piet und Inga spielen den Flohwalzer auf __________ Klavier.
Die Katze klettert auf den Baum. Er steht in unserm Garten.	Die Katze klettert auf __________ Kirschbaum hinauf.
Tante Lisa kommt heute zum Kaffee. Ich esse mit ihr Käsekuchen.	Ich esse heute Käsekuchen mit __________ Tante Lisa.
Wir haben ein neues Auto gekauft. Es steht vor dem Haus.	Vor dem Haus steht __________ neues Auto.

KOHL VERLAG Lernen mit Erfolg
LERNEINHEITEN GRAMMATIK
Band 2: Adjektive, Pronomen, Präpositionen & Satzarten – Bestell-Nr. 13 063

M20

Possessivpronomen müssen zum Satz passen

Aufgabe: *Finde die passenden Possessivpronomen. Die dazugehörigen Buchstaben ergeben ein Lösungswort.*

1. 	seine	B	
	seinem	E	
	seinen	M	

Der Hund hat Trockenfutter in ____________ Napf.

2. 	unser	N	
	unsere	E	
	unserem	R	

Die Katze klettert in ____________ Garten auf den Kirschbaum.

3. 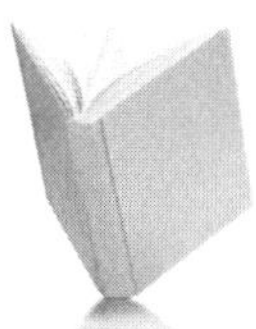	seine	T	
	seiner	S	
	seinen	P	

Bernd holt das Schulbuch aus ____________ Schultasche.

4. 	eurem	R	
	euer	A	
	eure	N	

Vor dem Haus steht ____________ neues Auto.

5. 	unseren	T	
	unserem	E	
	unser	R	

OmaTilly mag ____________ Käsekuchen.

6. 	meinem	A	
	meinen	E	
	meiner	Z	

Renata spielt auf ____________ Gitarre.

Lösungswort:

1	2	3	4	5	6

KOHL VERLAG Lernen mit Erfolg
LERNEINHEITEN GRAMMATIK
Band 2: Adjektive, Pronomen, Präpositionen & Satzarten – Bestell-Nr. 13 063

M21

Präpositionen helfen, einen Platz zu beschreiben

Präpositionen beschreiben, wo sich etwas befindet. So erkennt man, in welchem Verhältnis Menschen oder Dinge zueinander stehen. Daher nennt man sie auch Verhältniswörter.

Der kleine **Hund** steht <u>vor</u> dem **Baum**.

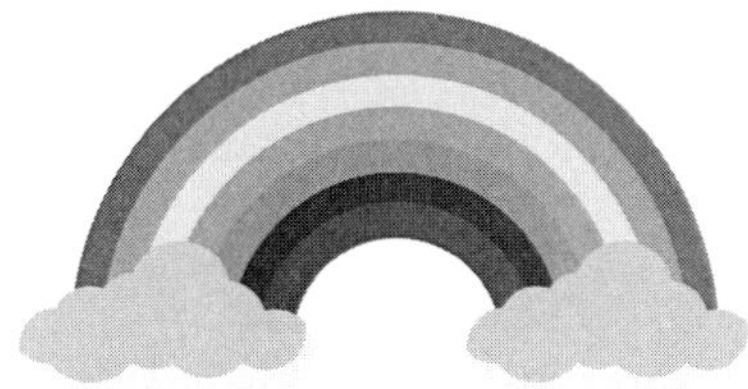

<u>Aufgabe:</u> *Setze die folgenden Präpositionen richtig in die Lücken der Sätze ein.*

an – auf – in – neben – unter – über – zwischen – vor

Die ängstliche Maus sitzt __________ dem Blumentopf.

Die freche Katze sitzt __________ der Schubkarre.

Der Lehrer schreibt die Aufgaben __________ die Tafel.

Jana wird __________ ihrem Regenschirm nicht nass.

Die kleinste Kiste steht ________________ der großen und der mittleren Kiste.

Ich sehe einen Regenbogen ____________ den Wolken.

Die Tasse steht __________ dem Krug.

Der Königssohn kniet _________ Aschenputtel.

KOHL VERLAG Lernen mit Erfolg
LERNEINHEITEN GRAMMATIK
Band 2: Adjektive, Pronomen, Präpositionen & Satzarten – Bestell-Nr. 13 063

M22

Präpositionen-Domino®

<u>Aufgabe 1</u>: *Schneide die Domino®-Kärtchen an der gestrichelten Linie auseinander. Spielt zu zweit.*

START		neben	
hinter		unter	
über		zwischen	
auf	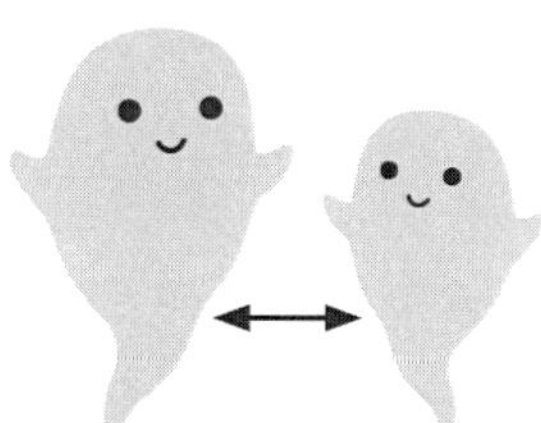	gegenüber	
durch		um	
in		vor	ENDE

KOHL VERLAG
LERNEINHEITEN GRAMMATIK
Band 2: Adjektive, Pronomen, Präpositionen & Satzarten – Bestell-Nr. 13 063

M22

Präpositionen-Domino® – Zusatz

Aufgabe 2: *Kreuze die richtige Präposition an. Du erhältst ein Lösungswort.*

Aufgabe 3: *Schreibe Sätze zu den Bildern mit ihren Präpositionen in dein Heft.*

neben	M	1. 	in	O	2. 
zwischen	G		über	E	
unter	F		vor	A	
in	A	3. 	vor	E	4. 
unter	O		zwischen	F	
auf	G		unter	R	
um	N	5. 	auf	P	6. 
in	E		unter	L	
neben	I		durch	Ü	
unter	B	7. 	neben	W	8. 
an	O		auf	O	
über	E		hinter	E	
auf	T	9. 			
in	R				
unter	D				

Lösungswort:

1	2	3	4	5	6	7	8	9

LERNEINHEITEN GRAMMATIK
Band 2: Adjektive, Pronomen, Präpositionen & Satzarten – Bestell-Nr. 13 063
KOHL VERLAG

M23

Präpositionen antworten auf Fragen

Wenn du auf eine Frage antwortest, verwendest du auch Präpositionen.

Aufgabe: *Lies die Beispiele im Kasten. Schreibe dann zu jedem Fragewort 2 Fragen und 2 Antworten auf.*

Fragewort	Frage	Antwort
Wohin?	Wohin fährt der Zug?	Der Zug fährt **bis** Berlin.
Wo?	Wo soll die Murmel hinrollen?	Die Murmel soll **durch** den Tunnel rollen.
Wann?	Wann beginnt der Ausflug?	Wir fahren **gegen** 8.00 Uhr los.
Warum?	Warum kommst du so spät?	Ich musste **wegen** der Baustelle einen Umweg fahren.
Wie?	Wie bis du zur Schule gekommen?	Ich bin **mit** dem Rad gefahren.

Hier sind einige Präpositionen, die dir helfen können, Fragen nach Zeit, Ort oder Grund zu beantworten.

bei, bis, ab, aus, hinter, vor, neben, über, unter, nach, zwischen, gegenüber, um, seit, während, wegen, trotz, statt, ohne, mit, für, außer, durch, somit, sondern, nach, jetzt, herum, zu...

Manchmal verschmelzen die Präpositionen auch mit Artikeln.
Schau dir die Tabelle an.

in das → **ins**	zu der → **zur**	um das → **ums**
an dem → **am**	an das → **ans**	über das → **übers**
durch das → **durchs**	hinter dem → **hinterm**	von dem → **vom**
unter dem → **unterm**	auf das → **aufs**	in dem → **im**
zu dem → **zum**	bei dem → **beim**	für das → **fürs**

KOHL VERLAG Lernen mit Erfolg
LERNEINHEITEN GRAMMATIK
Band 2: Adjektive, Pronomen, Präpositionen & Satzarten - Bestell-Nr. 13 063

M24

Wo befinden sich die Tiere?

Welches Tier ist genau in der Mitte?	
Zwischen dem Bären und dem Löwen ist die …	
Über dem Elefanten ist die …	
Welches Tier ist rechts von dem Löwen?	
Links neben der Maus ist das …	
Unter dem Pferd ist der …	
Links neben dem Hund ist ein …	
Um welches Tier herum sind Hahn, Zebra und Fisch?	
Über dem Pinguin und unter dem Hund ist der …	

KOHL VERLAG Lernen mit Erfolg
LERNEINHEITEN GRAMMATIK
Band 2: Adjektive, Pronomen, Präpositionen & Satzarten – Bestell-Nr. 13 063

M25

Wann schreibst du dem oder den?

Aufgabe: *In den folgenden Sätzen wird mit Präpositionen ein Ort beschreiben. Überlege, ob du in die Sätze „den" oder „dem" einsetzen musst. Kreuze an.*

z. B. Der Junge sitzt auf **dem** Baum. Der Junge klettert auf **den** Baum.

	dem	den
Der Teller steht auf ________ Tisch.		
Stelle den Teller auf ________ Tisch.		
Der Pullover liegt in ________ Schrank.		
Ich lege den Pullover in ________ Schrank.		
Ich setze mich auf ________ Stuhl.		
Ich sitze auf ________ Stuhl.		
Der Ball rollt unter ________ Schrank.		
Der Ball liegt unter ________ Schrank.		
Der Apfel liegt auf ________ Boden.		
Der Apfel fällt auf ________ Boden.		
Ich gehe in ________ Keller.		
Ich komme aus ________ Keller.		

KOHL VERLAG Lernen mit Erfolg
LERNEINHEITEN GRAMMATIK
Band 2: Adjektive, Pronomen, Präpositionen & Satzarten – Bestell-Nr. 13 063

M26

Satzarten und Satzschlusszeichen

Das Satzschlusszeichen zeigt an, wo ein Satz zu Ende ist. Es gibt drei Satzschlusszeichen.

Mit einem Aussagesatz erzählen oder berichten wir etwas. Der Satz schließt mit einem Punkt.

Heute habe ich Geburtstag.

Wenn ich eine Frage habe, dann benutze ich einen Fragesatz. Der Satz schließt mit einem Fragezeichen.

Wann hast du Geburtstag?

Einen Aufforderungssatz oder Ausrufesatz verwendet wir, wenn wir jemanden auffordern etwas zu tun. Der Satz endet mit einem Ausrufezeichen.

Zünde bitte die Geburtstagskerzen an!

Ein Ausrufezeichen steht auch nach einem Ausruf.

Toll! Hurra! Aua! Feuer!

Aufgabe: *Setze die fehlenden Satzschlusszeichen ein.*

Möchtest du ein Stück Kuchen

Lecker

Blase die Kerzen aus

Ich habe im Juni Geburtstag

Was ist in dem Paket

Nimm besser die Streichhölzer

Das Feuerzeug ist kaputt

Vorsicht

KOHL VERLAG Lernen mit Erfolg
LERNEINHEITEN GRAMMATIK
Band 2: Adjektive, Pronomen, Präpositionen & Satzarten – Bestell-Nr. 13 063

M27

Setze die Satzschlusszeichen

Aufgabe: *Setzt die Satzschlusszeichen ein und finde den Lösungssatz.*

	.	!	?
Hör gut zu	A	J	G
Hast du die Blumen schon gegossen	F	H	E
Ich bringe den Brief zur Post	D	P	T
Sprich laut und deutlich	R	E	W
Heute beginnt der Unterricht eine Stunde später	R	O	S
Stopp	Z	S	F
Wasch dir zuerst die Hände	V	A	C
Wer hat vergessen, das Wasser abzustellen	A	L	T
In meinen Strümpfen ist ein Loch	Z	X	Y
Seid still	A	H	P
Warum müssen wir das Zimmer aufräumen	J	G	A
Heute möchte ich ins Schwimmbad gehen	T	H	D
Der blaue Pullover gefällt mit besser	E	M	H
Meine Schwester kommt später	I	R	E
Kannst du mir das ausrechnen	O	M	N
Kann mir jemand helfen	K	S	E
Nehmt euer Arbeitsheft	T	N	F
Wer hat das Fußballspiel gewonnen	L	W	D
Noch mal	U	E	A

Lösungssatz:

1	2	3	4	5

6	7	8	9

10	11	12

13	14	15

16	17	18	19

LERNEINHEITEN GRAMMATIK
Band 2: Adjektive, Pronomen, Präpositionen & Satzarten – Bestell-Nr. 13 063
KOHL VERLAG Lernen mit Erfolg

M28

Fragewörter

Aufgabe 1: *Trenne die Wortschlange hinter den einzelnen Fragewörtern.*

WANNWARUMWELCHEWENWEMWERWIEWIESOWIEVIELWOWOFÜR

WASWOZUWOHINWESHALBWOMITWOHERWODURCH

Aufgabe 2: *Schreibe mit jedem Fragewort einen Fragesatz. Suche dir Bilder aus, die du für die Sätze verwenden möchtest. Schreibe auch einen Antwortsatz dazu.*

KOHL VERLAG
LERNEINHEITEN GRAMMATIK
Band 2: Adjektive, Pronomen, Präpositionen & Satzarten – Bestell-Nr. 13 063

M29 Aus einem Fragesatz wird ein Aussagesatz

Wenn du die Satzbausteine umstellst, dann wird aus einem Fragesatz ein Aussagesatz. Dies lässt sich auch umgekehrt anwenden: Aus einem Aussagesatz wird ein Fragesatz.

Trinkt Oma im Garten Kaffee? Oma trinkt im Garten Kaffee.

Die Katze ist müde. Ist die Katze müde?

Aussagesatz	Fragesatz
Unsere Katze ist sehr lieb.	
	Gewinnt Tim das Spiel?
Der Froschkönig sitzt am Brunnen.	
	Möchte ich auf den Spielplatz gehen?
Bald gibt es Sommerferien.	
	Blühen im Garten rote Rosen?
Der Hund schläft in seinem Korb.	
	Bellen große Hunde sehr laut?
Ich bringe das Paket heute zur Post.	
	Ist die neue Lehrerin streng?
Heute schreiben wir einen Test.	
	Hat Ingo die Schatzkarte gefunden?
Ich gehe heute nicht in die Schule.	
	Kommt der Bus heute zu spät?
Rumpelstilzchen tanzt um das Feuer.	
	Sitzt der Vogel auf seinem Nest?
Die Straßenlaterne ist kaputt.	

KOHL VERLAG Lernen mit Erfolg
LERNEINHEITEN GRAMMATIK
Band 2: Adjektive, Pronomen, Präpositionen & Satzarten – Bestell-Nr. 13 063

M30 Sätze basteln

<u>Aufgabe</u>: *Schreibe mit den gegebenen Wörtern ganze Sätze.*

→ Hund + spielen

Aussagesatz	Der Hund möchte gerne spielen.
Fragesatz	Möchte der Hund gerne spielen?
Ausrufesatz / Befehlssatz	Geh in den Garten und spiele mit dem Hund!

→ Tasche + vergessen

Aussagesatz	
Fragesatz	
Ausrufesatz / Befehlssatz	

→ Hausaufgaben + fertig

Aussagesatz	
Fragesatz	
Ausrufesatz / Befehlssatz	

→ Gehweg + stehen

Aussagesatz	
Fragesatz	
Ausrufesatz / Befehlssatz	

→ Geschenk + verstecken

Aussagesatz	
Fragesatz	
Ausrufesatz / Befehlssatz	

KOHL VERLAG Lernen mit Erfolg
LERNEINHEITEN GRAMMATIK
Band 2: Adjektive, Pronomen, Präpositionen & Satzarten – Bestell-Nr. 13 063

M31

Das habe ich schon geschafft 1

Material	Datum	🙂	😐	☹️
M4				
M5				
M6				
M7				
M8				
M9				
M10				
M11				
M12				
M13				
M14				
M15				
M16				
M17				
M18				
M19				
M20				

LERNEINHEITEN GRAMMATIK
Band 2: Adjektive, Pronomen, Präpositionen & Satzarten – Bestell-Nr. 13 063
KOHL VERLAG Lernen mit Erfolg

M32

Das habe ich schon geschafft 2

Material	Datum	🙂	😐	🙁
M21				
M22				
M23				
M24				
M25				
M26				
M27				
M28				
M29				
M30				

KOHL VERLAG Lernen mit Erfolg
LERNEINHEITEN GRAMMATIK
Band 2: Adjektive, Pronomen, Präpositionen & Satzarten – Bestell-Nr. 13 063

Lösungen

M1 Mit Adjektiven kann man etwas beschreiben 2

Aufgabe 1:

		W								N	A	S	S					S	
F		A													W			O	
R		R				S	C	H	Ö	N					I			N	
O		M													N			N	
S															D			I	
T	K	A	L	T			T	R	O	C	K	E	N		I			G	
I															G				
G		R	E	G	N	E	R	I	S	C	H								
											B	E	W	Ö	L	K	T		

Aufgabe 2+3: individuelle Lösungen

M2 Mit Adjektiven kann man etwas beschreiben 2

Aufgabe 1+2: individuelle Lösungen

M3 Bringe die Adjektive in die richtige Form

Aufgabe :

Ich wünsche mir einen **kleinen** Hund.
Der **müde** Kater liegt hinter dem Sofa.
Papa duscht morgens mit **kaltem** Wasser.
Peter hat ein **kariertes** Hemd gekauft.
Das ist eine **zutrauliche** kleine Katze.
Ich wünsche mir ein **lustiges** Buch.
Wir sind auf einen **hohen** Turm geklettert.
Ich habe einen **blauen** Ball gefunden.
Der Bauer hat einen **alten** Traktor.
Vögel mögen besonders gerne die **süßen** Kirschen.
Dort liegt ein **bunter** Pullover im Schrank.
Ich suche eine **lange** Hose.
Das ist aber ein **bissiger** Hund!
Opa holt einen **schweren** Hammer aus dem Keller.
Ich höre ein **leises** Geräusch auf dem Dachboden.
Das ist aber eine **krumme** Gurke!
Alle sind **hungrig** vom Spaziergang.

M4 Suche passende Adjektive

Aufgabe 1:

Die Blume ist bunt. Das Eis ist süß. Der Elefant ist dick. Das Auto ist schnell. Der Vogel ist klein. Der Koffer ist schwer. Die Prinzessin ist hübsch. Der Ball ist rund. Der Würfel ist eckig.

Lösungen

M4 Suche passende Adjektive

Aufgabe 2 + 3:

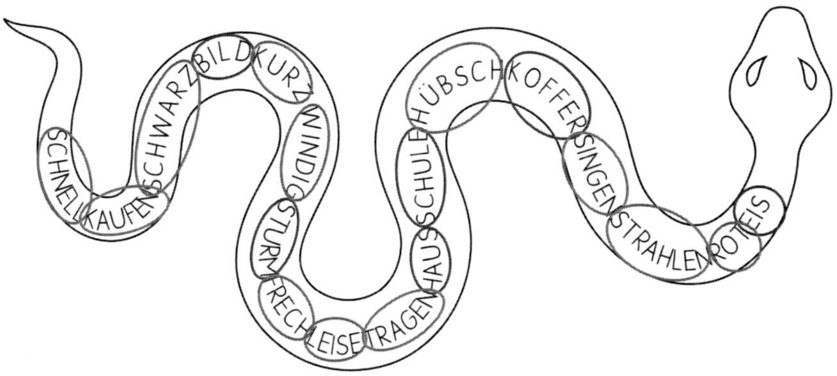

Adjektive: schnell, schwarz, kurz, windig, frech, leise, hübsch, rot
Verben: kaufen, tragen, singen, strahlen
Nomen: Bild, Sturm, Haus, Schule, Koffer, Eis

Aufgabe 4: individuelle Lösungen

Aufgabe 5:

	Apfel	Tomate	Banane	Gurke	Zitrone
hart	X			X	X
rund	X	X			
süß	X	X	X		
sauer	X				X
weich		X	X		
lang			X	X	
rot	X	X			
gelb	X	X	X		X

Aufgabe 6: Der Apfel ist hart. Der süße Apfel hängt am Baum.

Aufgabe 7: individuelle Lösungen

M5 Viele Adjektive haben ein Gegenteil

Aufgabe 1:

Wer nicht alt ist, der ist jung.	Wenn es nicht hell ist, ist es dunkel.
Wer nicht schnell ist, der ist langsam.	Wer nicht hungrig ist, der ist satt.
Was nicht sauer ist, das ist süß.	Wer nicht krank ist, der ist gesund.
Was nicht nass ist, das ist trocken.	Was nicht schwer ist, das ist leicht.
Was nicht außen ist, das ist innen.	Was nicht kurz ist, das ist lang.
Wer nicht stark ist, der ist schwach.	Was nicht gebraucht ist, das ist ungebraucht.

Lösungen

M5 Viele Adjektive haben ein Gegenteil

Aufgabe 2:

Heute ist ein hässlicher Tag. / schöner
Die Blumen im Garten stinken. / duften
In der leeren Tasse dampft der heiße Tee. / vollen
Der langsame Läufer gewinnt das Rennen. / schnelle
Der traurige Clown bringt alle zum Lachen. / lustige
Mutter schleppt die leichte Tasche ins Auto. / schwere
Peter stolpert über die kurzen Hosenbeine. / langen
Der glückliche Mann weint um seinen toten Hund. / traurig

M6 Domino® mit Gegensätzen

glatt – rau, stark – schwach, breit – schmal, dick – dünn, nass – trocken, lang – kurz, schwer – leicht, groß – klein, alt – jung, arm – reich, hell – dunkel, faul – fleißig, krank – gesund, süß – sauer, lustig – traurig, stark – schwach, laut – leise, satt – hungrig, neu – gebraucht, weich – hart, bunt – einfarbig, voll – leer, offen – geschlossen, schnell – langsam, langweilig – spannend, heiß – kalt, tot – lebendig, gut – schlecht, hoch – tief, müde – wach, glatt – wellig, rund – eckig, spitz – stumpf, falsch – richtig, hässlich – schön, locker – fest, nah – fern, sauber - schmutzig

M7 Adjektive kann man steigern 1

Aufgabe 1:

lieb – lieber – am liebsten, wütend – wütender – am wütendsten, klein – kleiner – am kleinsten, schön – schöner – am schönsten, schnell – schneller – am schnellsten, weit – weiter – am weitesten, laut – lauter – am lautesten, teuer – teurer – am teuersten, warm – wärmer – am wärmsten; gefährlich – gefährlicher – am gefährlichsten

Aufgabe 2: individuelle Lösungen

M8 Adjektive kann man steigern 2

Aufgabe 1:

F		M	U	N	T	E	R			F				S	T	E	I	L	S
U								F		R	L	I	S	T	I	G			P
R			H		W			R		I									A
C			E		A			E		S			D	U	N	K	E	L	R
H			L		R			C		C							B		S
T	R		L		M			H		H	M	U	T	I	G		Ö	A	A
S	E			F	L	Ü	S	S	I	G							S	L	M
A	I							T	R	O	C	K	E	N			E	T	
M	C		S	C	H	N	E	L	L										
	H							S	T	I	L	L			H	E	I	ß	

Aufgabe 2: individuelle Lösungen

Lösungen

M9 Mit Adjektiven vergleichen

Aufgabe 1:

Die Kerze ist heißer als die Wurst.
Der obere Stift ist länger als der untere Stift.
Eva und Juri sind gleich groß.

Aufgabe 2:

Das Sofa ist bequemer als die Bank. Der obere und rote Stift ist genauso lang wie der untere und blaue Stift. Der Ball mit den Punkten ist genauso groß wie der gestreifte Ball. Das Saxophon ist lauter als die Flöte. Das Hochhaus ist höher als der Baum. Das Haus ist teurer als das Auto. Die Jacke ist wärmer als der Pullover. Der Apfel schmeckt genauso gut wie die Ananas. Der Bus ist schneller als das Fahrrad. Die Schnecke ist langsamer als der Hund. Das Krokodil ist gefährlicher als die Robbe. Der Elefant ist dicker als die Giraffe. Die Zitrone ist saurer als die Melone. Die Torte ist süßer als das Brot. Frieda ist kleiner als Henry.

M10 Zusammengesetzte Adjektive

Aufgabe 1:

mausgrau, rabenschwarz, haushoch, bärenstark, messerscharf, blitzschnell, eiskalt

Aufgabe 2:

riesengroß, federleicht, steinhart, glasklar, zuckersüß, kreidebleich, zitronengelb, spiegelglatt, blutrot, kerzengerade, pfeilschnell, kinderleicht, nagelneu, schneeweiß, himmelblau, grasgrün, staubtrocken, bildschön, windstill, butterweich, hundemüde, kreisrund

M11 Aus Adjektiven werden Nomen 1

Aufgabe 1:

-heit	-nis	-schaft	-keit	-ung	-tum
Faulheit	Finsternis	Verwandtschaft	Heiterkeit	Erkältung	Reichtum
Krankheit	Wildnis	Bereitschaft	Fröhlichkeit	Beleidigung	Eigentum
Wahrheit		Hilfsbereitschaft	Sauberkeit	Einigung	Heiligtum
Neuheit		Eigenschaft	Einigkeit	Festung	
Klugheit			Einsamkeit		
Dunkelheit			Festigkeit		
Dummheit			Höflichkeit		
Freiheit			Pünktlichkeit		
Bosheit			Ehrlichkeit		
Schlauheit			Traurigkeit		
Gemeinheit			Haltbarkeit		
Klarheit			Herzlichkeit		
Trockenheit			Biegsamkeit		
Wildheit			Ängstlichkeit		
			Neuigkeit		
			Heiligkeit		

Lösungen

M12 Aus Adjektiven werden Nomen 2

Aufgabe 1:

1.	2.	3.	4.	5.	6.	7.	8.	9.	10.	11.	12.	13.	14.	15.	16.	17.	18.
N	S	L	S	R	H	F	L	G	V	B	K	D	K	S	S	S	F
E	P	A	Ü	O	O	A	A	E	O	U	L	U	Ü	O	C	C	R
U	I	U	ß	T	C	U	N	B	L	N	E	M	H	F	H	H	E
B	T	T	S	K	H	L	G	R	L	T	I	M	L	T	N	W	M
A	Z	S	P	O	S	T	L	A	M	S	N	K	S	E	E	A	D
U	M	P	E	H	P	I	A	U	I	T	S	O	C	I	L	R	S
	A	R	I	L	R	E	U	C	L	I	T	P	H	S	L	Z	P
	U	E	S		U	R	F	H	C	F	A	F	R		I	T	R
	S	C	E		N			T	H	T	D		A		M	E	A
		H			G			W			T		N		B	E	C
		E						A					K		I		H
		R						G							S		E
								E							S		
								N									

M13 Aus Nomen werden Adjektive

Aufgabe 1:

-haft	-lich	-ig	-los	-voll
rätselhaft	glücklich	windig	furchtlos	gefahrvoll
mangelhaft	schriftlich	giftig	straflos	kraftvoll
fehlerhaft	feindlich	dreckig	geschmacklos	friedvoll
heldenhaft	herzlich	fettig	lustlos	wundervoll
schreckhaft	natürlich	witzig	farblos	randvoll
herzhaft	schriftlich	mutig	schutzlos	qualvoll
schmackhaft	länglich	wolkig	kernlos	kunstvoll
kindhaft	wunderlich	eilig	mühelos	humorvoll
spaßhaft	freundlich	riesig	randlos	mühevoll
strafhaft	kindlich	geizig	humorlos	geschmackvoll
	königlich	trotzig	witzlos	lustvoll
	jugendlich	spaßig	fehlerlos	
	ärgerlich	kernig	kraftlos	
	mündlich	farbig	glücklos	
	gefährlich	herzig	mutlos	
	farblich	mundig	wolkenlos	
	künstlich	lustig	herzlos	
	schrecklich			
	geschmacklich			
	friedlich			
	sträflich			

Aufgabe 2: individuelle Lösungen

LERNEINHEITEN GRAMMATIK
Band 2: Adjektive, Pronomen, Präpositionen & Satzarten – Bestell-Nr. 13 063
KOHL VERLAG Lernen mit Erfolg

Lösungen

M14 Aus Verben werden Adjektive

Aufgabe 1:

- sam	- los	- bar
arbeitsam	sorglos	waschbar
biegsam	tadellos	duldbar
kleidsam	leblos	denkbar
mühsam	schlaflos	dankbar
folgsam	lieblos	planbar
wirksam	ratlos	strafbar
mitteilsam	zweifellos	heilbar
ratsam	rastlos	genießbar
gehorsam	freudlos	bezahlbar
	hilflos	begehbar
		essbar
		fühlbar
		brauchbar
		erziehbar
		trinkbar

M15 Was wird hier beschrieben?

Lösungswort: RÄTSELKÖNIG

M16 Pronomen, Stellvertreter für Nomen

Peter hat ein Geschenk für Clara.	**Er** schenkt **ihr** ein spannendes Buch.
Clara sieht die Giraffen im TV.	**Sie** findet, **sie** haben einen langen Hals.
Mutter sucht den Supermarkt.	**Sie** findet **ihn** am Straßenende.
Kater Mischka läuft zum warmen Ofen.	**Er** legt sich vor **ihn**.
Rudi stößt an den Tisch.	**Er** hat **ihn** nicht gesehen.
Sara sitzt in der Geisterbahn.	**Sie** findet, dass **sie** gruselig ist.
Die Mäuse flüchten vor der Katze.	Jetzt sind **sie** sicher vor **ihr**.
Eric hat eine neue Sonnenbrille.	**Sie** steht **ihm** wirklich gut!
Der Ball gehört Lisa.	Tom gibt **ihn ihr** zurück.
In der Pause will Lara Seilspringen.	**Es** macht **ihr** viel Spaß.
Papa sucht Pilze im Wald.	**Er** sagt, **sie** schmecken besonders gut.
Das Gedicht gefällt mir gut.	Aber **es** ist zu lang.
Meine Schwester liebt Hunde.	**Sie** besucht **sie** im Tierheim.
Die Klasse freut sich auf den Ausflug.	Der Bus holt **sie** um 10 Uhr ab.
Sara gefällt das Computerspiel.	**Sie** wünscht **es** sich zum Geburtstag.
Ich habe neue Schuhe gekauft.	Oma findet **sie** sehr schön.

KOHL VERLAG LERNEINHEITEN GRAMMATIK Band 2: Adjektive, Pronomen, Präpositionen & Satzarten – Bestell-Nr. 13 063

Lösungen

M17 Personalpronomen

Aufgabe 1:

Mit meinen Eltern gehe ich einkaufen. **Sie** haben für mich Sandalen gekauft. Ich brauche **sie**, wenn wir in Urlaub fahren. Einen neuen Pullover habe ich auch bekommen. **Er** hat grüne und gelbe Streifen. **Ich** habe mich sehr darüber gefreut. Mein Vater fragt: „Möchtest **du** auch eine neue Hose haben?" Meine Mutter kauft noch ein Halstuch. **Es** passt zu ihrer Bluse. Zu Hause zeige ich Oma unseren Einkauf. Sie sagt: „Da habt **ihr** aber gut eingekauft! Zusammen setzen **wir** uns an den Tisch und essen Abendbrot.

Aufgabe 2:

Es ist dunkel.	Ursache – Es ist Nacht. / Das Licht ist aus.
Es brennt.	Ursache – ein Feuer
Es ist sonnig.	Ursache – Es ist Sommer. / Es ist schönes Wetter.
Es tickt.	Ursache – eine Uhr

M18 Possessivpronomen zeigen an, wem etwas gehört

Aufgabe 1:

Ich habe ein Buch gekauft. Es ist **mein** Buch.
Ich habe das Frühstück dabei. Es ist in **meiner** Tasche.
Heute wird gebastelt. Wer hat **meine** Schere gesehen?
Pauls Roller ist kaputt. Ich gebe ihm **meinen** Roller.
Das Heft ist nicht auf dem Tisch. Es ist in **meinem** Rucksack.
Wer ist das? Das ist die Frau **meines** Bruders.

Du hast ein Buch gekauft. Es ist **dein** Buch.
Du hast das Frühstück dabei. Es ist in **deiner** Tasche.
Heute wird gebastelt. Ist das **deine** Schere?
Mein Roller ist kaputt. Kannst du mir **deinen** Roller geben?
Mein Fahrrad steht vor **deinem** Haus.
Kannst du mir **deine** Telefonnummer geben?

Aufgabe 2: individuelle Lösungen

M19 Mit Possessivpronomen Sätze verknüpfen

Aufgabe:

Bernd holt ein Buch aus der Tasche. Es ist das Lesebuch.
Bernd holt **sein** Lesebuch aus der Tasche.
Der Hund frisst aus dem Napf. Im Napf ist Trockenfutter.
Der Hund frisst Trockenfutter aus **seinem** Napf.
Piet und Inga spielen auf dem Klavier. Sie spielen den Flohwalzer.
Piet und Inga spielen den Flohwalzer auf **ihrem** Klavier.
Die Katze klettert auf den Baum. Er steht in **unserem** Garten.
Die Katze klettert auf **unseren** Kirschbaum hinauf.
Tante Lisa kommt heute zum Kaffee. Ich esse mit ihr Käsekuchen.
Ich esse heute Käsekuchen mit **meiner** Tante Lisa.
Wir haben ein neues Auto gekauft. Es ist **unser** neues Auto.

Lösungen

M20 Possessivpronomen müssen zum Satz passen

Aufgabe: Lösungswort: ERSATZ

M21 Präpositionen helfen, einen Platz zu beschreiben

Aufgabe :

Die ängstliche Maus sitzt **auf** dem Blumentopf.
Die freche Katze sitzt **in** der Schubkarre.
Der Lehrer schreibt die Aufgaben **an** die Tafel.
Jana wird **unter** ihrem Regenschirm nicht nass.
Die kleinste Kiste steht **zwischen** der großen und der mittleren Kiste.
Ich sehe einen Regenbogen **über** den Wolken.
Die Tasse steht **neben** dem Krug.
Der Königssohn kniet **vor** Aschenputtel.

M22 Präpositionen-Domino® + Zusatz

Aufgabe:

Lösungswort:

G	E	G	E	N	Ü	B	E	R
1	2	3	4	5	6	7	8	9

M23 Präpositionen antworten auf Fragen

Aufgabe: individuelle Lösungen

M24 Wo befinden sich die Tiere?

Welches Tier ist genau in der Mitte?	Elefant
Zwischen dem Bären und dem Löwen ist die.	Katze
Über dem Elefanten ist die ...	Maus
Welches Tier ist rechts von dem Löwen?	Kuh
Links neben der Maus ist das ...	Pferd
Unter dem Pferd ist der ...	Hund
Links neben dem Hund ist ein ...	Vogel
Um welches Tier herum sind Hahn, Zebra und Fisch?	Schwein
Über dem Pinguin und unter dem Hund ist der ...	Hirsch

KOHL VERLAG Lernen mit Erfolg
LERNEINHEITEN GRAMMATIK
Band 2: Adjektive, Pronomen, Präpositionen & Satzarten – Bestell-Nr. 13 063

Lösungen

M25 Wann schreibst du dem oder den?

Aufgabe 1:

Der Teller steht auf **dem** Tisch.
Stelle den Teller auf **den** Tisch.
Der Pullover liegt in **dem** Schrank.
Ich lege den Pullover in **den** Schrank.
Ich setze mich auf **den** Stuhl.
Ich sitze auf **dem** Stuhl.
Der Ball rollt unter **den** Schrank.
Der Ball liegt unter **dem** Schrank.
Der Apfel liegt auf **dem** Boden.
Der Apfel fällt auf **den** Boden.
Ich gehe in **den** Keller.
Ich komme aus **dem** Keller.

M26 Satzarten und Satzschlusszeichen

Aufgabe:

Lecker!
Möchtest du ein Stück Kuchen?
Blase die Kerzen aus!
Ich habe im Juni Geburtstag.
Nimm besser die Streichhölzer.
Was ist in dem Paket?
Vorsicht!
Das Feuerzeug ist kaputt.

M27 Setze die Satzschlusszeichen

Aufgabe:
Lösungssatz: JEDER SATZ HAT EIN ENDE.

M28 Fragewörter

Aufgabe 1:

WANN WARUM WELCHE WEN WEM WER WIE WIESO WIEVIEL WO WOFÜR WAS WOZU WOHIN WESHALB WOMIT WOHER WODURCH

Aufgabe 2: individuelle Lösungen

KOHL VERLAG Lernen mit Erfolg
LERNEINHEITEN GRAMMATIK
Band 2: Adjektive, Pronomen, Präpositionen & Satzarten – Bestell-Nr. 13 063

Lösungen

M29 Aus einem Fragesatz wird ein Aussagesatz

Aufgabe:

Aussagesatz	Fragesatz
Unsere Katze ist sehr lieb.	**Ist unsere Katze sehr lieb?**
Tim gewinnt das Spiel.	Gewinnt Tim das Spiel?
Der Froschkönig sitzt am Brunnen.	**Sitzt der Froschkönig am Brunnen?**
Ich möchte auf den Spielplatz gehen.	Möchte ich auf den Spielplatz gehen?
Bald gibt es Sommerferien.	**Gibt es bald Sommerferien?**
Im Garten blühen roten Rosen.	Blühen im Garten rote Rosen?
Der Hund schläft in seinem Korb.	**Schläft der Hund in seinem Korb?**
Große Hunde bellen sehr laut.	Bellen große Hunde sehr laut?
Ich bringe das Paket heute zur Post.	**Bringe ich heute das Paket zur Post?**
Die neue Lehrerin ist streng.	Ist die neue Lehrerin streng?
Heute schreiben wir einen Test.	**Schreiben wir heute einen Test?**
Ingo hat die Schatzkarte gefunden.	Hat Ingo die Schatzkarte gefunden?
Ich gehe heute nicht in die Schule.	**Gehe ich heute nicht in die Schule?**
Heute kommt der Bus zu spät.	Kommt der Bus heute zu spät?
Rumpelstilzchen tanzt um das Feuer.	**Tanzt Rumpelstilzchen um das Feuer?**
Der Vogel sitzt auf seinem Nest.	Sitzt der Vogel auf seinem Nest?
Die Straßenlaterne ist kaputt.	**Ist die Straßenlaterne kaputt?**

M30 Sätze basteln

Aufgabe:

Aussagesatz	Ich habe meine Tasche im Auto vergessen.
Fragesatz	Habe ich meine Tasche im Auto vergessen?
Ausrufesatz / Befehlssatz	Ich darf meine Tasche nicht im Auto vergessen!
Aussagesatz	Ich habe meine Hausaufgaben schon lange fertig.
Fragesatz	Hast du deine Hausaufgaben schon fertig?
Ausrufesatz / Befehlssatz	Mache zuerst deine Hausaufgaben fertig!
Aussagesatz	Auf dem Gehweg stehen große Kisten.
Fragesatz	Warum stehen auf dem Gehweg große Kisten?
Ausrufesatz / Befehlssatz	Stelle die Kisten nicht auf den Gehweg!
Aussagesatz	Ich muss das Geschenk für meinen Bruder verstecken.
Fragesatz	Wo habe ich nur das Geschenk versteckt?
Ausrufesatz / Befehlssatz	Jetzt habe ich vergessen, wo ich das Geschenk versteckt habe!

LERNEINHEITEN GRAMMATIK
Band 2: Adjektive, Pronomen, Präpositionen & Satzarten – Bestell-Nr. 13 063
KOHL VERLAG